쓸쓸한 밤의
다정한 안부

쓸쓸한 밤의
다정한 안부

초판 발행 2020년 5월 30일
1판 3쇄 발행 2022년 8월 31일

글·그림 황인수
펴낸이 서영주
편집장 김동주
편집 손옥희　**디자인** 김서영
제작 김안순

펴낸곳 레벤북스
출판등록 2019년 9월 18일 제2019-000033호
주소 서울특별시 강북구 오현로7길 20(미아동)
취급처 레벤북스보급소 **전화** 02)944-8435, 986-1361
통신판매 02)945-2972
E-mail bookclub@paolo.net
www.paolo.kr
https://blog.naver.com/tomaskimdong
값 14,000원
ISBN 979-11-969116-0-7

ⓒ 황인수, 2020

* 이 도서의 국립중앙도서관 출판시도서목록(CIP)은 서지정보유통지원시스템
  홈페이지와 국가자료공동목록시스템에서 이용하실 수 있습니다.
  (CIP제어번호 : CIP2020022054)

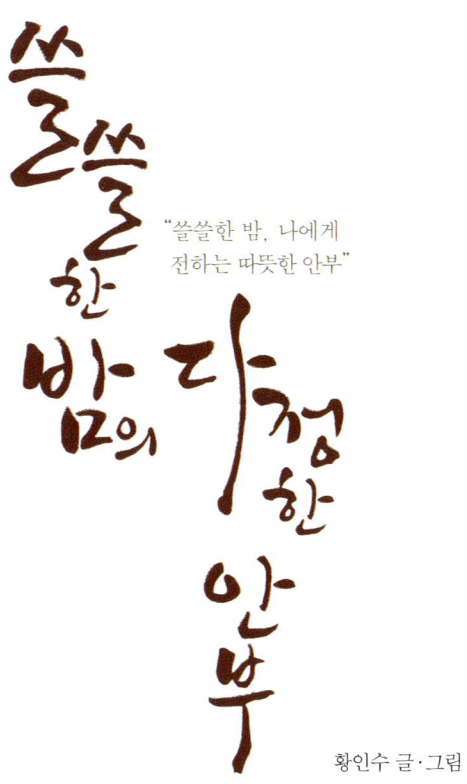

"쓸쓸한 밤, 나에게
전하는 따뜻한 안부"

황인수 글·그림

레벤북스

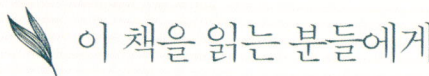 이 책을 읽는 분들에게

일과를 마치고 돌아오면 종일 혼자 있던 방이 나를 맞아줍니다. 오래된 책꽂이도 창턱의 화분도 고즈넉한 얼굴로 내게 인사해오는 것 같지요. 홀로 있는다는 것은 쓸쓸한 일이지만 그 쓸쓸함 속에서 다정한 안부를 물어오는 나를 만나게 됩니다. 우리는 함께하기보다 혼자인 삶에 더 익숙해져 가고 있지요. 자연히 자기를 대면하는 일도 많아진 것 같습니다.

쓸쓸함과 고독을 통과해야만 사람은 진정으로 홀로 있을 수 있지 않을까, 그런 생각을 하면서 이 책을 썼습니다. 혼자 있지 못하는 사람은 자신을 채울 것을 찾아 여기저기 돌아다니게 되니까요. 하지만 그럴수록 사람은 더 외로움에 빠지게 되는 것 같습니다. 내 안에 사는 따뜻함, 그 다정함을 만날 때 우리는 이웃에게 다정한 인사를 건넬 수 있는 것 같아요. 실은 내 안에 다정함이 살고 있다는 것, 사랑이 숨어 있다는 걸 아는 것은 얼마나 큰 위안이 되는지요!

짧은 글과 그림들을 모아 이 책을 만들었습니다. 오래 되새김질하던 마음속 생각들을 모아놓고 보니 멀리 떨어져 오랫동안 그리워하던 친구의 얼굴을 보는 것 같습니다. 독자 여러분에게도 이 책이 오래된 친구가 보낸 다정한 안부와 같은 책이 되었으면 좋겠습니다. '내가 좋아하는 이가 어디선가 나를 그리워하고 있구나!' 느낄 때 맛보는 위안 같은 책, 그 친구가 "어떻게 지내고 있는지?" 물어올 때 느끼는 기쁨 같은 책이었으면 좋겠습니다.

이 책은 봄, 여름, 가을, 겨울, 크게 네 부분으로 나뉘어 있습니다. 각 장(章)의 시작마다 좋은 음악 네 곡을 QR 코드로 인쇄해두었습니다. 책을 읽을 때 스마트폰으로 들으면 '소리 나는 책'을 즐기실 수 있습니다. 보잘것없는 원고를 다듬어 예쁜 책을 만들어주신 레벤북스 여러분께 감사드립니다. 이 글과 그림, 음악에 담긴 마음이 부디 여러분 마음에도 가닿기를 바랍니다. 독자 여러분에게 따뜻한 안부를 보냅니다.

지은이

차례

이 책을 읽는 분들에게 • 4
여는 말 • 8

봄

떠남 • 12 | 하루를 시작하며 • 14 | 사랑 • 16 | 그리움 • 18 | 만원 버스에서 • 20 | 해도 • 22 | 자유 • 24 | 나무 • 26 | 꽃과 가시 • 28 | 격려 • 30 | 아버지 • 32 | 가지 나무 • 34 | 나무 거름 • 36 | 어린 시절 • 38 | 새 노래 • 40

여름

심미안 • 44 | 파도 • 46 | 시련 • 48 | 배 • 50 | 넘어서기 • 52 | 깨침 • 54 | 저녁 산책 • 56 | 길 • 58 | 응시 • 60 | 돌의 노래 • 62 | 말아다오 • 64 | 바람 속 나뭇잎들 • 66 | 이유 • 68 | 조각 • 70 | 연못가에서 • 72

가을

고백 • 76 | 눈물 • 78 | 점심시간 • 80 | 내어줌 • 82 | 편안함 • 84 | 외로움 • 86 | 야간비행 • 88 | 가을 밤 • 90 | 사랑 • 92 | 소원 • 94 | 개미들 • 96 | 주인과 종 • 98 | 경계에서 • 100 | 허무와 욕망 • 102 | 익는 시간 • 104

겨울

부탁 • 108 | 꿈 • 110 | 토막 • 112 | 있는 그대로 • 114 | 삶 • 116 | 독백 • 118 | 술 노래 • 120 | 멍에 • 122 | 기적 • 124 | 종살이 • 126 | 빈 방 • 128 | 아 좋아 • 130 | 빛과 어둠 • 132 | 호수 • 134 | 사랑 • 136

닫는 말 • 138

여는 말

뭐랄까 이건 조용한 곳에서 노래를 부르는 것과 비슷해요.

언제까지나 계속될 것 같은 침묵 속에서

입을 열어 노래를 부르는 것.

첫 음을 내기 시작하면

이 영원에서부터 이어져 온 것 같은 고요가 다칠 것 같아

차마 시작을 못 하겠는 그런 기분.

그렇지만 내 속에서 잔뜩 부풀어 나갈 길을 찾는

수많은 음표들에게

바깥세상을 보여주어야 한다는 생각이 있기도 하고...

그래서 그동안 수없이 입 안에서 굴리던 가락을

이제 내어놓습니다.

봄-Affetuoso, 조진희, 1번, Sonata "La Bernabea" Op. 4 no.1 G.A.P. Mealli (1630~1670, Italy)
메알리의 소나타 "라 베르나베아" (1660년 경 작품)
맑은 계곡에서 물고기가 신나고 즐겁게 뛰노는 모습을 연상하게 되는 곡.

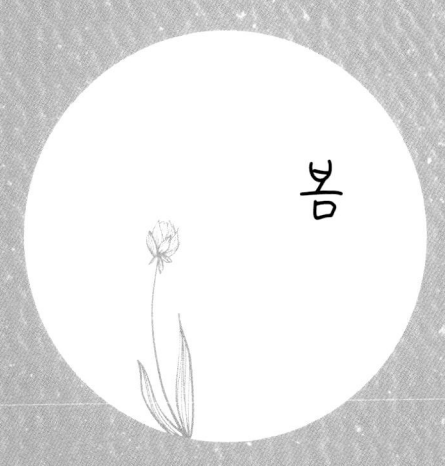

떠남

배는 항구에 묶여 있다.
주기관도 돌아가고 항해 계기들도 작동하고
레이더도 켜졌는데
어떤 것 하나, 부두에 걸려 있는 로프 하나가 배를
붙잡고 있다.
너른 바다를 자유롭게 항해하려는 배는
편안하고 싶은 마음, 예전의 즐거움,
새로운 것들에 대한 두려움을 버려야 한다.

모르던 좋은 것들, 새로운 즐거움들이
바다 저편에서 나를 기다린다.

하루를
시작하며

삶은 잔자분한 일들로 이루어진다.
그런 일들 가운데 어떤 것은
가볍게 여길 수 없는 일이다.
아침에 일어나서 잠자리를 정리하는 것처럼.
흐트러진 담요를 펴고 베개를 제 자리에 놓고
시트를 펴는 것은
가끔 어떤 의식처럼 느껴진다.
자고 눈을 뜨고 일어나는 일이
허투루 있는 게 아니라는,
내 삶에 질서가 있으며 그 질서는 어딘가
내가 잘 모르는 데까지 이어져 있다는 사실을
깨우치는 의식처럼.

사랑

누군가를 사랑한다는 것은
자기의 깊은 곳을 들여다보는 일이다.
나는 무엇 때문에 나 아닌 것에 매혹되었을까.
내가 기꺼이 혼돈 속으로 들어가는 것은
무엇 때문일까.
그는 누구이며 그를 사랑하는 나는 누구인가?

그리움

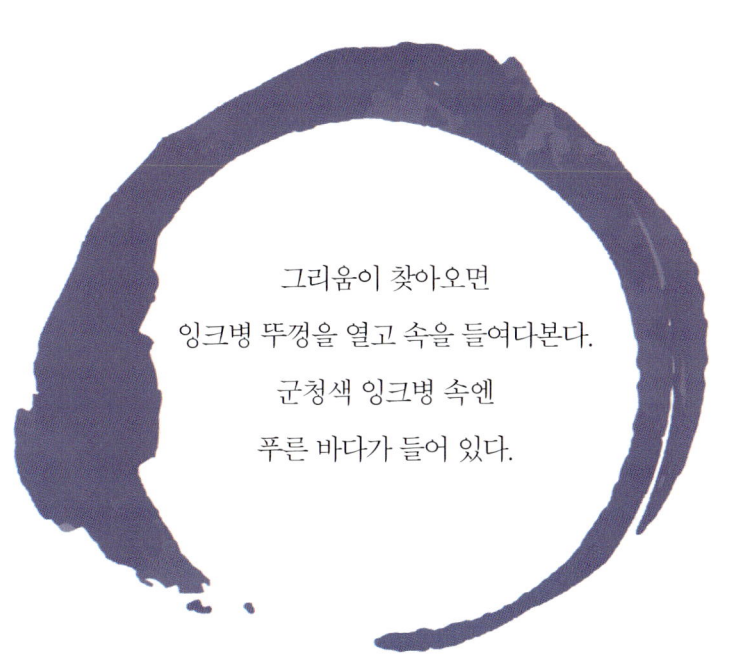

그리움이 찾아오면
잉크병 뚜껑을 열고 속을 들여다본다.
군청색 잉크병 속엔
푸른 바다가 들어 있다.

만원 버스에서

만원 버스에서 엄마와 함께 있는
아이를 보았습니다.
"애고, 힘들다. 엄마 우리 여기서 내려야 돼?"
"아니 아니야, 좀 더 가야 돼."

버스를 내려 걸어오는데 바람이 찼습니다.
'너는 무엇 때문에 사니?
누군가의 인정, 누군가의 사랑이 필요한 거니?'
'아니 아니요. 당신만으로 저는 충분합니다.'

해도 (海圖)

그것이 내 밖에 있다고 여길 때의 열성,
사랑의 설렘 같은 것.
모르기 때문에 가까이 가고 싶은 마음.
그것은 사랑이며 이룰 수 있는 사랑이되
내가 다 아는 사랑이어서는 안 된다.
내가 도무지 품을 수 없는,
나보다 큰 사랑이어야 한다.

이 세계는 도무지 지도를 그릴 수 없는 곳.
지도를 알면 나는 여행하고픈 마음을
잃어버릴지도 모른다.

자유

나는 늘 자유롭고 싶었는데
그것은 나로부터 자유로워지고 싶은 거였어.
나의 감옥은 바로 나였던 거야.

나무

오래된 나무가 새잎을 내놓는다.
잎에는 그가 살아온 시간이 새겨져 있다.

꽃과 가시

늘 사랑을 들고 있을 것. 준비하고 있을 것.
누가 와도 사랑을 내밀 수 있도록.

장미를 들고 있는 사람은 다가오는 이에게
장미꽃을 건네지만
가시 다발을 들고 있는 사람은 다가오는 사람에게
아픔을 건넨다.

격려

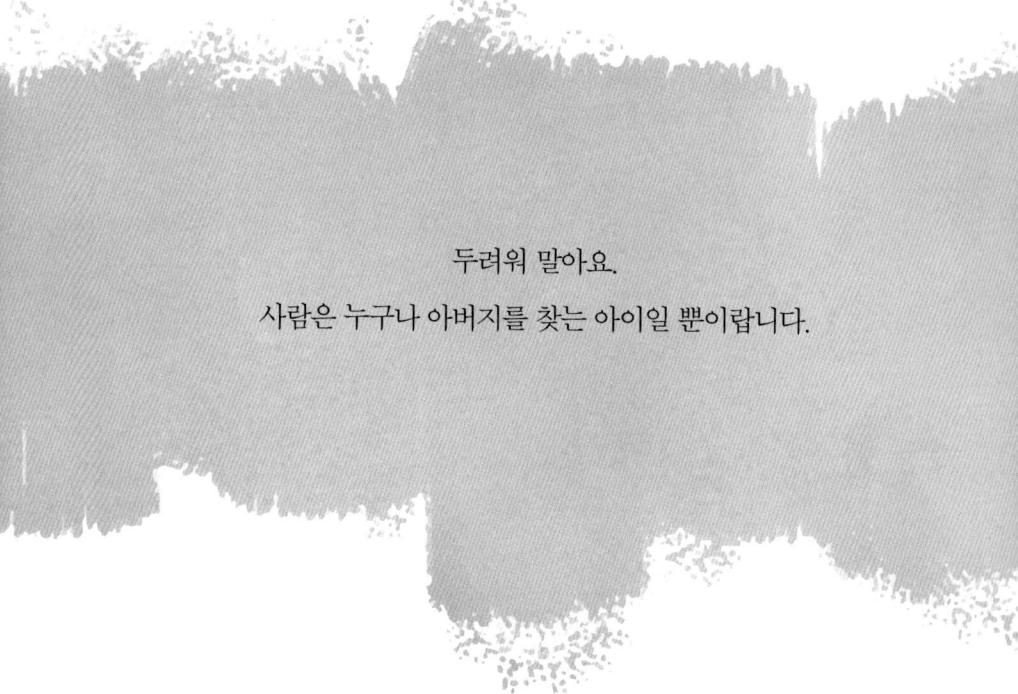

두려워 말아요.
사람은 누구나 아버지를 찾는 아이일 뿐이랍니다.

아버지

내가 엄격한 아버지의 모습이라면 그것은
내 안의 어린아이가
아직 자애로운 아버지를 만나지 못했다는
뜻이 아닐까.
내가 아직 엄격한 아버지와
함께 있기 때문이 아닐까.

가지 나무

가지 꽃이 피고 나면 가지 열매가 열립니다.
마치 가지 나무 안에 이미 들어있던 것처럼
가지 열매가 조금씩 조금씩 밖으로 나옵니다.

사랑도 이와 같습니다.
내 안에 들어 있다가 나옵니다.
마치 내가 없으면 밖으로 나올 수가 없다는 듯이.

나무 거늠

봄

아름다운 장미꽃도 엄나무의 무서운 가시들도 본래는 같은 것. 꽃을 꺾고 가시나무를 베어 한곳에 쌓아두면 시간이 흘러 부스러진 나무 거름, 같은 나무 거름이 된다. 나무에 붙어 있는 동안에 꽃은 예쁜 자태로 좋은 향기를 뿜내며, 가시는 흉측한 모습과 날카로운 가시로 보는 사람을 떨게 하지만 나무에서 떨어져 나오면 결국 둘이 같은 것임을 알게 된다.

어린 시절

어렸을 때는 달리기의 출발선이 두려웠습니다. 달리기를 잘 못 했기 때문에 꼴찌를 해서 웃음거리가 되는 게 무서웠거든요. 특별히 달리기를 못 할 이유는 없었는데 아주 어려서 몸을 놀릴 줄 모를 때 껑충껑충 뛰듯이 달리다가 웃음거리가 된 뒤에 자신감을 잃게 된 것 같아요. 지금도 달리는 것이 싫고 무섭습니다.

경쟁이라든가 실패, 웃음거리, 망신 같은 말이 생각나거든 내가 서 있는 출발선에서 몸을 돌려 뒤를 바라다보았으면 좋겠습니다. 내가 서 있는 출발선은 도착점이기도 하다는 사실을, 내가 이미 달려온 거리를 돌아보고 감사할 줄 알았으면 좋겠습니다.

내가 이른 곳, 내가 받은 것에 감사할 때 이 달리기는 나 혼자 뛰는 것이 아니며 진정으로 싸워 이겨야 할 상대는 옆에서 뛰는 사람이 아니라, 내 안에서 나를 막는 두려움, 수치심, 자기 비하 같은 감정이라는 것을 알게 됩니다. 부정적인 나, 도망치려는 나, 끌어내리려는 나 들을 이겨내고 인생의 경주에서 힘 있게 뛰어나가는 나를 생각합니다.

새 노래

🎀 새 노래를 배워야 해요.
옛날 노래는 잊어버리고 이제 새 노래를 배워요.
옛 노래는 옛적의 나를 담았었으니
이제 더 이상 그 노래는 내 마음을 담지 못합니다.
새 노래를- 내 영혼, 지금의 내 영혼을 담아 주는
새 노래를 불러야 합니다.

그날의 노래,
그날의 그림,
그날의 글,
그날의 생각,
그날의 영혼,
그날의 몸,
그날의 나.

나도 모르게 뿌린 씨앗이 매일매일
나도 모르게 자라고 있습니다.

여름-Ludwig van Beethoven(1770-1827); Rondo C major Op51. No.1
호기심과 설레임으로 세상을 탐험하는 어린아이의 발걸음을 연상케 하는 밝고
경쾌한 곡.

여름

심미안

예술품이나 음악에 심미안이 있다면 좋은 일이다
그러나 사람들에게서 아름다움을 발견할 수 있다면
더욱 좋다

여름

무엇보다도 먼저, 사람이 아름답다는 걸

너는 믿느냐?

파도

파도치는 바다를 바라보는 것은 멋진 일입니다. 흰 파도는 아름답고 배는 흔들리며 나아갑니다. 그러나 바다 위의 배에서 바라보는 것, 체험하는 것은 다릅니다. 발밑이 흔들리고 두려움이 마음을 사로잡으며 목적지는 아직 보이지 않습니다. 그 바다에 함께 처하는 것, 그러나 두려움에 압도되지 않는 것, 바다와 배를 함께 품는 일입니다.

시련

삶이 온전히 자기 주도권 아래 있어야 한다고 여기는 사람에게는 제 뜻대로 안 되는 일, 고통, 문제들이 제 삶이 아닌 것으로 여겨진다. 그는 그것을 배제하고 외면하려 한다. 그러나 그것은 자신의 일부를 배제하고 외면하는 일이다. 기쁜 일도 내 삶이고 힘든 것도 내 삶이다. 나보다 더 큰 존재를 받아들이는 이에게는 삶이 훨씬 더 크고 심오한 신비가 된다.

배

배가 가라앉는 데는
바닥의 작은 구멍 하나로 족하다.

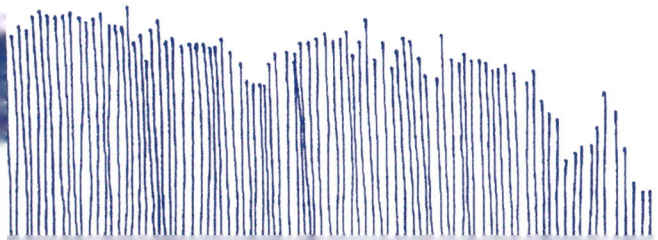

여름

배의 생명은 위쪽의 화려한 꾸밈새가 아니라
튼실한 밑창에 있다.

넘어서기

여름

나를 사랑해서 나를 넘어서기는 어렵다.
누군가를 사랑하기 때문에 나를 넘어서는 것이다.
자기만 사랑하는 사람은 자기에게 갇히지만
타인을 사랑하는 사람은 자기를 넘어설 수 있다.

깨침

어려움은 결국 관계에서 옵니다.
어려움의 실체가 분명해질 때까지 몇 번이고
자기의 어둠에 가 부딪쳐야 합니다.
그것이 분명해질 때 어디로 갈지
선택할 수 있으니까요.

저녁 산책

덤불 속에 놀고 있는 참새떼를 보았소. 커다란 눈 뜨고 있는 황소들을 보았소. 절을 하며 걸어가
콩밭 속에 ~~웅크리있는~~ 집 강아지의 젖힌 귀를 보았소. 소낙비, 소낙비, 소낙비. 소낙비 ——
et dixit: "Nudus egressus sum de utero matris meae et nudus revert
dedit, Dominus abstulit; sicut Domino placuit, ita factum est: sit no
dictum." Αὐτὸς γυμνὸς ἐξῆλθον ἐκ κοιλίας μητρός μου, γυμνὸς καὶ ἀπ
ὁ κύριος ἔδωκεν, ὁ κύριος ἀφείλατο· ὡς τῷ κυρίῳ ἔδοξεν, οὕτως καὶ
ὄνομα κυρίου εὐλογημένον. 욥이 말하였다. "알몸으로 어머니 배에서 나왔으니
주님께서 주셨다가 주님께서 가져가시니 주님의 이름은 찬미받으소서." (욥 1, 21)
Respondens autem Dominus Iob de turbine dixit: Quis est iste obscur
rmonibus imperitis? Accinge sicut vir lumbos tuos; interrogabo te,
Ubi eras, quando ponebam fundamenta terrae? Indica mihi, si habes i
Quis posuit mensuras eius, si nosti? Vel quis tetendit super eam linea
bases illius solidatae sunt? Aut quis demisit lapidem angularem eius,
simul astra matutina, et iubilarent omnes filii Dei? Quis conclusit ost
erumpebat quasi de visceribus procedens, cum ponerem nubem vestimen
gine illud quasi fascia obvolverem? Definivi illud terminis meis et posu
et dixi: Usque huc venies et non procedes amplius et hic confringes tu
tuos. Numquid in diebus tuis praecepisti diluculo et assignasti aurorae
cum extrema terrae ~~teneres~~, excussi sunt impii ex ea? Vertetur in lutu
Stabit sicut vestimentum. Cohibetur ab impiis lux sua, et brachium
getur. Numquid ingressus es scaturigines maris et in novissimis abyssi dea
quid considerasti latitudinem terrae? Indica mihi, si nosti omnia: I
~~tet, et~~ tenebrum quis locus sit; ut ducas unumquodque ad terminos s
tellegas semitas domus eius? Novisti, nam tunc natus etas
numerus dierum tuorum multus! Numquid ingressus es
thesauros nivis aut thesauros grandinis asp
existi, quae prae paravi in tempus angustiae
in diem pugnae et belli? Per quam viam spargitur lux, diffunditur ventus uren
Quis dedit vehementissimo imbri cursum et viam fulmini tonanti, ut pluere
absque homine, in deserto, ubi nullus mortalium commoratur, ut impleret
tam et produceret herbas in terra arida? Quis est pluviae pater, vel quis g

저녁을 먹고 현관을 나서려니 보슬비가 내리고 있습니다. 빗발이 굵어지지는 않겠지, 아무렇지 않게 산책을 나섭니다. 도로변의 덤불에서 참새 떼가 놀고 있습니다. 개망초 풀대 속을 통통 튀듯이 오르내리는 참새 떼가 귀엽습니다. 호호호. 정말요? 축사에서는 소들이 사료를 먹습니다. 큰 눈을 휘둥그레 뜨고 나를 봅니다. 무엇을 보았니, 황소들아? 중얼거리며 걸어가는 사람을 보았어요. 움매애. 축사 안에 가로대로 걸쳐 있는 파이프 위를 비둘기가 걸어갑니다. 절을 하듯 머리를 숙였다 들었다 반복하면서. 소들 덕분에 저도 사료를 먹을 수 있답니다. 감사해요, 절 한 번. 고마워요, 절 두 번. 보건소 앞 콩밭 가운데에는 개집이 놓여 있네요. 복슬복슬 복슬이가 밖을 내다봅니다. 너도 더위에 지쳤구나, 복슬아. 이제 막 강아지 티를 벗은 녀석의 충실한 눈빛, 접힌 두 귀가 계속 나를 따라옵니다. 그래, 오늘은 여기서 안녕. 내일 다시 올게, 얘들아.

길

타인에게 가는 길은 내 안으로 나 있다.

내가 미워하는 사람은

내 안에 숨은 미움을 달래지 않고는

만날 수가 없다.

응시

마음을 깨뜨려라.
지금 이것을 부르는 것은 무엇인가.
어떻게 그것을 부르지 않을 수 있는가.
그것을 부르는 누군가가 죽도록 할 수 있는가.
그것이 죽도록 가만히 지켜보고 있을 수 있는가.

돌의 노래

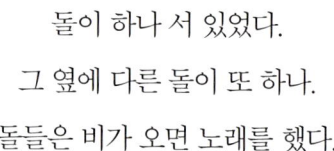

돌이 하나 서 있었다.
그 옆에 다른 돌이 또 하나.
돌들은 비가 오면 노래를 했다.

돌 돌돌 돌돌돌
누가 알겠나,
돌 속에 부드러운 살 품은 줄
돌 돌돌 돌돌돌 하고.

화를 내지 말아다오.
화를 내는 것은
'나는 받지 못했어!'라는 말이다.
그런데 정말 받지 못했을까? 정말로?

바람 속 나뭇잎들

식당 맞은편 산의 나무들이 바람에 흔들린다.
밤나무, 버드나무, 산벚나무...
나뭇잎의 하얀 등때기들이
푸른 숲을 배경으로 유난하다.

바람이 불면 내 마음 흔들리고
미움이라 여겼던 것들, 슬픔이라 여겼던 것들,
아픔이나 외로움이라 여겼던 것들 함께 흔들리며
반대쪽 숨겨졌던 모습을 보여준다.
아! 그것이 그냥 미움만은,
슬픔이나 외로움만은 아니었구나!

이유

지금 힘들다면
그건 네가 힘을 쓰고 있기 때문이란다.

조각

끈기 있게 모재를 깎아내는 조각가처럼
자신을 깎아냅니다.
깎아내는 이도 나이고 깎이는 이도 나입니다.
깎아내는 일은 힘든 일이고 깎이는 일도
힘든 일입니다.
그러나 모든 것을 견디며 끈기 있게 계속합니다.

"사람은 인내로워야 합니다.
특히 자기 자신에 대해 그래야 합니다."

연못가에서

연못가 바위에 누워 하늘을 바라본다.
버드나무 잎새들 바람에 흔들리고
파란 하늘엔 흰 구름.

물 위에 돌
돌 위에 나
나 위에 나무
나무 위에 하늘
하늘엔 구름

구름과 하늘이 어리는 연못에는
해 질 녘 바깥 구경을 하러 나오는 잉어들이 살고
아침에 물가를 한 바퀴 도는 뱀이 살고
물에 비친 제 얼굴을 보러 오는 내가 있다.

가을-Affetuoso, 조진희, 8번, Sonata Prima_ Dario Castello (1590-1658, Italy)
다리오 카스텔로의 "Sonata Prima"
깊어가는 가을 밤 향기롭고 진한 차 한잔을 마시며 들으면 마음이 치유되는 것처럼
평화로워지는 곡.

가을

고백

사랑하고 사랑받을 때 나를 압니다.
살아 있다는 것을 압니다.

당신은 좋은 사람, 사랑스러운 사람이지요.
그걸 내가 압니다.

눈물

그를 보고 있으면 문득
가슴이 뭉클해져 눈물짓게 돼요.
"너는 나를 위해 있다"가 아니라
"당신 때문에 제가 있습니다"라고
몸으로 말하는 사람이니까요.

점심시간

사과나무가 내게 사과를 주고
암탉이 내게 달걀을 주네.

나는 무엇을 주며 사나.

내어줌

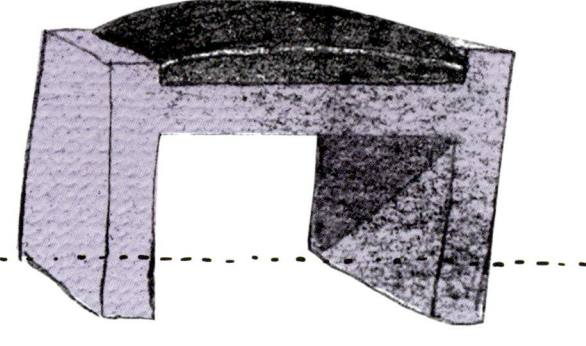

삶은 누구에게 나를 주는가의 문제이다.
누구에게 나를 주는가.
그렇게 나를 주면서 나는 무엇이 되어간다.

      나를 붙잡고 놓지 않으려는 안간힘,
    그 어리석음의 귀결은 압축된 고통일 뿐이다.

매일 나를 주지 않고 꼭 붙들고 있는 사람은
어느 날엔가 한꺼번에 나를 빼앗기는 고통을 맛보게 된다.

편안함

지금 있는 자리가 편안해질 때까지
지금 이 자리가 좋아지고,
지금의 네가 좋아질 때까지
계속 여기에 있으렴. 아이야.

2002. 7. 7.
예수고난회 명상의 집.

외로움

어둑어둑한 저녁. 오랜만에 외로움이 찾아왔습니다. 그것을 외로움이라 부르는 것은 불현듯 노래가 부르고 싶어졌기 때문입니다. 오래전에 부르던 노래를 가만가만 부르면서 텃밭을 거닙니다. "외로운가요. 당신은 외로운가요. 아아, 그러나 당신은 행복한 사람. 그토록 작은 별 헤일 수 있는 그렇게 아름다운 두 눈이 있으니…"

노래를 지은 이는 사라지고 노래만 남아 있다고 누가 그랬던가요. 저녁 텃밭의 나지막한 노래를 상추가 듣고 토마토가 듣고 호박이 듣고 고랑 속의 고구마들이 듣고 있습니다.

2002. 10. 15.
제주 몽항

야간비행

문득 창문을 열고 내다보니 비행기는 밤하늘을 날고 있습니다.
날개 끝으로 별이 하나 반짝입니다. 별은 너무 멀어서 늘 제 자리에 있습니다.

마치 비행기도 그대로 멈추어 있는 것 같습니다. "누워서 보는 저 하늘의 별은 정녕 멀고나." 어떤 시인은 노래했지요. 저도 지금 별을 바라보며 항해합니다. 가끔 별똥이 떨어집니다.

저 아래쪽으로 부연 빛무리가 보이네요. 비행기가 사람들의 도시 위를 지나가는 모양입니다. 이어폰으로 들려오는 유장한 교향곡의 선율이 먼 별들의 시간과 아래쪽 인간들의 역사를 생각하게 합니다. 저는 별들의 시간과 인간들의 역사 사이를 날고 있습니다. 다섯 시간 후면 정다운 인간들의 땅에 내려앉을 거예요.

가을밤

바람 소리가 세찹니다.
돌아오는 길에는 조금 이지러진 달이
아주 환했어요.
달 밝은 밤에 세찬 바람이 불고
바람 소리에 귀 기울이고 있는 사람이 있습니다.
마음속에 부는 바람이 자고
고요히 흰 달빛에 잠길 시간을 기다립니다.

사랑

사랑은 무릎쓰는 거란다.
너를 위해 나를 잊는 거란다.

지상의 그 무엇도 물리법칙을 벗어날 수 없지만
딱 한 가지 사랑만은 그것을 벗어난단다.

소원

바라는 것은 딱 하나, 내가 되는 것.
내가 된다는 것은 지금 있는 그대로 내가 좋은 것.
정말로 정말로 좋은 것.

개미들

개미들은 후각이 없나 보다. 쉴 사이 없이 돌아다니면서 제 앞머리에 부딪히는 것이 먹이인지 아닌지 보는 것 같다. 그래서 수백만, 아니 수천만, 아니 수없이 많은 개미들이 지금도 이끼 위를, 흙길 위를, 느티나무 등걸 사이를, 시멘트 포장길 위를 돌아다닌다. 어떨 땐 말라있는 지렁이를, 어떨 땐 땅에 떨어진 풍뎅이의 금빛 나는 몸뚱이를, 어떤 때는 살아있는 송충이를 붙잡고 씨름한다. 이것은 마치 우리 사람들이 서로 부딪치는 다른 사람을 미워하고 좋아하고 싫어하고 사랑하고 하는 것과 비슷하구나. 우리는 모두 속에 무언가를 가지고 있으며 내가 사랑하고 미워하고 좋아하고 싫어하는 것은 내가 그때 그곳을 지나가며 너와 만났기 때문이다.

주인과 종

나의 주인으로 살지 못하는 이는
남을 종으로 삼는다.
스스로 자유로운 사람만이
사람들을 자유롭게 한다.

경계에서

다 했다고 생각할 때에도
할 것이 남아 있으며 – 사랑

다 버렸다고 생각할 때에도
무언가 덜어낼 것이 있다 - 가난

허무와 욕망

90. 1. 29.
도전 분교 부근.

영원으로 가는 길에는 허무라는 함정이 있고
지금 여기의 사랑에는 욕망이라는 허방이 있다.
허무란 나를 놓치는 것이고
욕망이란 나에게 매이는 것이다.

익는 시간

익기 전에는 좋은 포도주인 줄 모릅니다.
모든 술은 작은 효모에서 옵니다.
포도주가 익어가는 시간.
부글부글 열이 나는 시간.
숙성의 시간입니다.

어렵고 힘들더라도
가슴에 작은 효모를 품고 가만히 기다리는 것.
숙성의 시간은 성숙의 시간입니다.

경손한 쥐며느리처럼

겨울-Affetuoso, 조진희, 9번, Sonate d-moll_ Affetuoso, Georg Philipp Telemann (1681~1767, Germany)
혹독한 눈보라와 강추위를 눈 녹듯이 녹여줄 따듯하고 감미로운 리코더 연주.

겨울

부탁

따뜻한 데서 자고 나면 아침에 일어날 때 좋다.
추운 데서 자면 힘들다. 꽁꽁 얼어 있거든.
늘 따뜻한 사람이 되어라.
네게 오는 사람들이 긴장을 풀고 편안할 수 있도록.
대개 영혼들은 외롭고 피곤하단다.

눈

가을

나는 있는 그대로 좋은, 꾸밀 필요가 없는,
걱정 안 해도 되는 편안한 사람이고 싶어요.

토막

어떤 이는 답을 알고 있다고 믿는다. 그래서 열을 내어 말한다. 말이 끝나고 나면 열이 식고 토막처럼 남아 있는다. 말은 토막의 존재를 증명하는 일인지도 모른다. "나 살아 있어!" 하는 말.

열을 냈다가 식기를 되풀이하면 담금질이 되어 토막은 아주 단단한 쇠붙이가 되어버릴지도 모른다. 그냥 부드러운 채로 남아 있을 것. 내면에 열을 간직한 채로.

있는 그대로

어떤 날은 좋은 생각이 떠오른다. 어떤 날은 기분 좋은 노래를 부른다. 어떤 날은 음식이 맛있고 어떤 날은 사람들이 반갑다. 그림이 잘 그려지는 날이 있고 기분 좋게 잠에서 깨어나는 날이 있다. 그것으로 좋은 것이다. 손에 떡을 쥐고 빵을 찾는 아이처럼 살지는 말아야지.

삶

삶은 자기로부터 자유로워지는 과정이다. 일상에서 작은 죽음을 추구하는 사람은 죽음을 통해 삶을 만나러 가는 사람이다. 죽음을 찾아가지 않는 사람은 찾아오는 죽음을 만나게 된다.

똑같이 이렇게 말할 수 있다. 삶을 찾아가지 않는
사람은 찾아오는 삶을 만나게 된다. 다만 그는 삶을
죽음으로만 체험하게 되리라.

독백

비어있는 곳에 뭐가 밀고 들어오듯이
채우고 들어오려고 합니다.
비어있는 채로 아무것도
채우지 않을 수 있다면 참 좋을 거예요.

술 노래

이딸리아 사람들이 술을 마시고
기타를 치며 노래를 부른다.
성인들이 술을 좋아하셨다는 노래.
성인들도 좋아하셨다는 술을
아무렴, 나도 좋아할 수밖에!

"까만 포도주병 속에
빠라 폰지 폰지 뽀!
빨간 포도주가 잔뜩
빠라 폰지 폰지 뽀!
거기서 우리 성인들 시편이 나왔네.
뭐든지 다 마시던 우리 성인들.

입가심 술을 좀 주게.
입가심 술 좀 내놓게."

−이탈리아의 여흥 노래 Litanie del vino 1절−

멍에

콧구멍이 없으면 코뚜레를 꿸 수 없다.
결핍을 사랑으로 가득 채우면
그 무엇에도 종살이하지 않게 된다.

기적

사람들 하나하나가 얼마나 기막힌 존재들인지,
그 어떤 한 사람이 나를 바라봐주고
내 앞에 서 있다는 것이 얼마나 큰 기적인지!

종살이

남 탓을 하는 사람, 밖에서 이유를 찾는 사람은
평생 남에게 매여 살게 됩니다.
삶이 결국 남에게 달려 있고
내가 할 수 있는 일은 없기 때문입니다.

빈방

비어 있는 방처럼 살아라.
누가 머물고 싶어 하면
푸근한 침묵으로 맞아
자리를 내어주고,
떠나겠다 하면 또
따뜻한 침묵으로 인사하는 방.

비어 있는 방처럼 살아라.
시간이 그 방의 유일한 장식물이고
고요가 그곳의 팻말인 방.
떠난 이는 마음에 품고
오는 이는 설렘에 들뜨는
침묵이 가득한 빈방.

아, 좋아!

바깥에 있다가 방에 들어와
따뜻한 이불 속에 손을 넣습니다.
아, 따뜻해!
점심시간에 따끈한 부침개를 먹습니다.
아, 맛있어!
느끼는 걸 그대로 말해봅니다.
지금 이 순간을 사는 기쁨,
그것으로 충분합니다.

빛과 어둠

어둠은 빛의 다른 면이고
빛은 어둠의 다른 얼굴이다.
어둠 속에서 빛을 볼 수 있고
빛에서 어둠을 짐작할 수 있다면
너는 복되다.

호수

겨울

바이칼 호수는 시간이 흐를수록 더 깊어진대요.
바닥이 석회암이라서 물에 녹기 때문이지요.
내 속의 나를 벗 삼아 걷는 이 길도 그럴 거예요.
그이 안에 나를 녹여 점점 더 깊어집니다.

사랑

씨앗에서

꽃을 보고 열매를 보아주는 것.

겨울

닫는 말

나는 따뜻한 나라에서 와서
따뜻한 나라로 갑니다.
지나간 어느 때 큰 추위가 왔었고
그래서 나는 처음의 그 따뜻한 나라를 잊어버렸어요.